LOS CAMIONES VOLQUETE

MEG GREVE

CREATIVE EDUCATION • CREATIVE PAPERBACKS

ÍNDICE

Veo un camión volquete 4

Carga y descarga 6

Levantamientos pesados 8

Trabajo duro 10

Haz un sonido 12

Palabras de camiones volquete 14

Índice alfabético 16

VEO UN CAMIÓN VOLQUETE.

Su caja se levanta lentamente.

- cabina
- caja
- motor
- ruedas

La tierra sale veloz y se amontona.

A los camiones volquete también se les llama camiones de volteo.

Los camiones volquete llevan cargas pesadas.

Los camiones volquete necesitan ayuda para ser cargados. Pero descargan por sí mismos.

Un camión volquete estuvo aquí. Veo huellas profundas de ruedas. Los camiones volquete son pesados.

Un camión volquete puede cargar hasta 28,000 libras (12,700 kilogramos) de peso.

Construirán un edificio nuevo. Los camiones volquete llevan los <u>materiales</u>. Los traen hasta la obra.

Adiós a lo viejo, bienvenido lo nuevo.

HAZ UN SONIDO

¡BIP, CP

¿Puedes imitar los sonidos de un camión volquete?

Escucha estos sonidos:

hhttps://www.youtube.com/watch?v=HIbdBlAYgc8

¡Ahora te toca a ti!

PALABRAS DE CAMIONES VOLQUETE

cargas: Cosas que tienen que ser llevadas de un lugar a otro.

descargan: Que se deshacen de la carga hasta quedar vacíos.

huellas: Marcas dejadas por un vehículo o cualquier otra cosa en movimiento.

materiales: Cosas necesarias para realizar un trabajo, como grava, arena o tierra.

ÍNDICE ALFABÉTICO

caja	4
cargado(r, s)	6, 7, 9
descargan	7
edificio	10, 11
llevan	6, 11
materiales	11
pesadas(os)	6, 8
ruedas	4, 8
tierra	5
viejo	10, 11

PUBLISHED BY CREATIVE EDUCATION AND CREATIVE PAPERBACKS
P.O. Box 227, Mankato, Minnesota 56002
Creative Education and Creative Paperbacks are imprints of The Creative Company
www.thecreativecompany.us

LIBRARY OF CONGRESS CATALOGING-IN-PUBLICATION DATA
Names: Greve, Meg, author.
Title: Los camiones volquete / by Meg Greve.
Other titles: Dump trucks. Spanish
Description: Mankato, Minnesota : Creative Education and Creative Paperbacks, [2025] | Series: Empezando | Includes index. | Audience: Ages 4-7 | Audience: Grades K-1 | Summary: "Dump trucks will introduce budding book learners to a noisy, colorful world with this new Starting Out title, in American Spanish. Colorful photos, labeled diagrams, 'Make a Noise' section, glossary, and more ignite a passion for learning"--Provided by publisher.
Identifiers: LCCN 2024002879 (print) | LCCN 2024002880 (ebook) | ISBN 9798889894469 (library binding) | ISBN 9781682778647 (paperback) | ISBN 9798889894582 (ebook)
Subjects: LCSH: Dump trucks--Juvenile literature. | Construction equipment--Juvenile literature. | CYAC: Dump trucks. | Construction equipment. | LCGFT: Instructional and educational works.
Classification: LCC TL230.15 .G74418 2025 (print) | LCC TL230.15 (ebook) | DDC 629.225--dc23/eng/20240207
LC record available at https://lccn.loc.gov/2024002879
LC ebook record available at https://lccn.loc.gov/2024002880

COPYRIGHT © 2025 CREATIVE EDUCATION, CREATIVE PAPERBACKS
International copyright reserved in all countries. No part of this book may be reproduced in any form without written permission from the publisher.

DESIGN AND PRODUCTION
Design by Rhea Magaro
Production by Beeline Media and Design
Art direction by Tom Morgan
Translation to Spanish by Base Tres
Printed in the United States of America

PHOTOGRAPHS by Dreamstime (Juri Bizgajmer, Dumitrina Andrusca, Christian Delbert), Getty Images (Martin Diebel, tracielouise), Shutterstock (sutadimages, freestore 839, Sanit Fuangnakhon, RobSt, Gorloff-KV, ericlefrancais, ER_09, Bohbeh, Gargantiopa, Wolf-photography)